Arromanches, 6 June 1945:

A large crowd lines the cliff edge at Arromanches to look down and celebrate their freedom at this extraordinary peacetime gathering framed by blockships and 115 concrete caissons. Many had come in the vain hope that another landing would be re-enacted! Motor transport was reserved for the privileged few; many had walked from the surrounding countryside, or arrived on bicycles and in open lorries.

Amid the detritus of the roadway floats known as 'beetles', British Army and Navy personnel, many bareheaded and clutching their service sheets, join in a service of Thanksgiving conducted from a portable altar. To the accompaniment of a military band, the hymns and prayers rebound off the cliffs and echo out to sea.

ABOVE: Corporal Eric Gunton (1903–78), pictured in 1945.

CI-DESSUS : Le caporal Eric Gunton (1903–78), en 1945.

To avoid wet sand on polished shoes (there were more ceremonies to attend after this one) each VIP is driven in turn from the motor park on the tidal flats to the guard of honour, before walking the matted area between sailors to the matted section reserved for them in front of the podium. Among many others, the VIPs included Duff Cooper, the British Ambassador (who had had to deal with the sometimes tempestuous conversations between de Gaulle and Churchill in 1944) and his wife, Lady Diana Cooper; Major General Vanier, the Canadian Ambassador; Colonel Cassey, the Consul General of the US; French ministers representing their armed forces; the five *préfets* of Normandy; and Captain Maurice Schumann, the 'Voice of Fighting France', who landed at this very spot on D-Day. But there were no Heads of State – the war in the Pacific was still on.

Chaque VIP était amené dans leur voiture tour à tour et déposé au pied d'un tapis étendu entre les marins du Royal Navy qui constitue la Garde d'Honneur. Ensuite, il/elle devait s'avancer jusqu'à l'aire qui leur était réservée devant le podium. Les invités comprennent, entre autres, Duff Cooper, l'ambassadeur britannique (qui servait d'intermédiaire dans les échanges parfois houleux entre de Gaulle et Churchill en 1944) et son épouse Lady Diana Cooper ; le Major-Général Vanier, l'ambassadeur Canadien ; le Colonel Cassey, le Consul Général des Etats-Unis ; les ministres français de l'armée de terre, de l'air et de la marine les cinq préfets de Normandie ; et le Capitaine Maurice Schumann, « le porte-parole de la France combattante », qui avait débarqué sur ce même li le Jour J. Il n'y a pas de chefs d'état – la guerre dan le Pacifique se poursuit.

Les caissons Phoenix (des pontons creux en béton) sont toujours en place, et on peut voir, échoués sur le littoral, un « *erection tank* » (un flotteur pour aligner les chaussées) et quelques « *beetles* ». La route suivie par les « *Dukw* » (camions flottants) est toujours visible aujourd'hui sur la falaise du Cap Manvieu. Le colonel MacAllister, en kilt et microphone en main, s'adresse à l'assemblée.

Cette photographie fut prise peu avant – ou après – le panorama précédent. On peut se demander à quoi pensent les soldats. Les temps changent : Churchill va bientôt être destitué (en grande partie par le vote de l'armée à l'étranger), le chômage est élevé, et la vie civile les attend. Avec la victoire, le Royaume-Uni fatigué et malmené par la guerre est déjà en faillite, ayant hypothéqué ses ressources mondiales pour affronter Hitler et Mussolini simultanément durant six ans, et Hirohito durant quatre ans. Le 17 août, deux jours après la reddition du Japon, les Etats-Unis, qui avaient cautionné l'économie de guerre britannique, et assuré ainsi la victoire, demandent le remboursement de leurs prêts. Sept ans d'austérité et de rationnement vont suivre.

Et à quoi pensent les Français rassemblés sur les falaises ? Voici ce que disait Paul Ayshford (1886–1974) dans son « journal normand » écrit entre août et novembre 1944 : « Les Français se sentent humiliés et l'occupation les rend méfiants les uns envers les autres. Ils sont fatalistes et désemparés mais ils vont se remettre. A ce moment précis, la population française passe par une période difficile. Elle a subi quatre ans d'occupation allemande qui, pour la plupart, ont été un véritable enfer – quelques-uns ont profité de la hausse des prix, et une infime minorité a collaboré. Mais la grande majorité détestait l'occupation, en était humiliée, et fut ravie de se voir libérée de ce cauchemar. »

Dans la joie de la libération, certains Français avaient déchiré leur cartes de rationnement tant détestées : mais au lieu d'un retour aux conditions d'avant-guerre, le rationnement allait continuer quatre ans encore. Les espoirs réduits à néant provoquèrent une agitation politique et sociale très vive dans les grandes villes françaises. Beaucoup se plaignant du manque de choses essentielles à la vie quotidienne, ceci engendra un réel sentiment de déception et d'abandon.

the first anniversary of D-Day

Arromanches, le 6 juin 1945

After a morning service at Omaha Beach, a motorcade of VIPs travelled east along the coast via Port-en-Bessin, the local people cheering and showering the motor cars with flowers. At Bayeux there was a magnificent banquet, where the creation of the Landing Beaches Committee was announced by the *sous-préfet* Raymond Triboulet, its founding President, to perpetuate the memory of the Allies who had fought in Normandy. Finally, the cortège of motor cars set off for Arromanches where they parked on the beach.

There is no trace of the pierheads or floating roadways, nor of any shipping. The 'German war' was over, but the ships and landing craft were being redeployed to the Pacific theatre where even more terrible amphibious landings were in preparation against the Japanese mainland. The Royal Navy provides the guard of honour.

Une immense foule se rassemble sur les falaises d'Arromanches pour fêter la liberté retrouvée, dans un cadre constitué de bateaux coulés pour former un brise-lames, et de 115 caissons en béton toujours en place. Beaucoup attendent en vain une reconstitution du débarquement ! Le transport motorisé est réservé aux quelques privilégiés ; un grand nombre est venu à pied ou à bicyclette, ou dans des camions militaires.

Parmi les épaves des chaussées flottantes, appelées « *beetles* », le personnel de l'armée et de la marine britanniques, bon nombre tête nue, assiste à un office d'action de grâce, un autel ayant été dressé sur la plage.

The Phoenix caissons (hollow concrete units with floating valves) are still in place, and on shore an abandoned 'erection tank' and a few concrete 'beetles' are clustered. The 'Dukw' (amphibious truck) road scars the cliffs of Cap Manvieu west of Arromanches and is just as visible today. Colonel MacAllister, wearing his kilt, has taken the microphone and is addressing the assembly.

This view was taken an instant before – or after – the previous panorama. What was going through the minds of the Army personnel? These were changing times: Churchill would shortly be removed from office (largely by the service vote overseas), unemployment was high and the 'demob suit' awaited the men. The victory also heralded the imminent bankruptcy of Britain, now a grimy war-battered country that had sapped its worldwide resources to confront Hitler and Mussolini simultaneously for six years, and Hirohito for four. On 17 August, two days after the Japanese capitulation, the United States, which had underwritten the British war effort, and with it been able to bring it to its end, called in its loans. Seven more years of austerity and rationing were to follow.

And what of the French massed along the clifftop? This is the view observed by Paul Ayshford (1886–1974) in his 'Normandy diary', written between August and November 1944: 'The French feel humiliated and occupation made them suspicious of each other. They feel fatalistic and stunned … but they will recover. At the present moment the French population in these parts is going through a difficult phase. They had four years of German occupation which most of them found hell – and a few profited by the rise in prices and a very few were frankly collaborators. But the vast majority detested the occupation, were humiliated by it and were overjoyed when they found themselves rid of the incubus.'

In the joy of liberation some had torn up their hated ration cards – but instead of a return to peacetime abundance, rationing would continue here for another four years. High expectations were dashed, soon leading to political turmoil and violent social unrest in France's bigger cities. Complaints about the lack of many of the necessities of life – trains and rolling stock, petrol, electric light and coal – led to a feeling of neglect and frustration.

e premier anniversaire du débarquement

Après une cérémonie sur la plage d'Omaha le matin, les VIP partirent pour Bayeux par Port-en-Bessin, et tout le long du parcours la population lançait des fleurs au passage des voitures officielles. A l'arrivée à Bayeux il y eut un grand banquet, où le sous-préfet, Raymond Triboulet annonça la création du Comité du Débarquement afin de perpétuer la mémoire des alliés. Ensuite, le cortège des voitures partit pour Arromanches, où les voitures s'arrêtèrent alignées sur la plage.

Il n'y a aucune trace des plateformes sur pied, des chaussées flottantes, ni des bateaux. La guerre « allemande » est terminée, mais les bateaux et les péniches de débarquement sont partis vers le Pacifique où des opérations amphibies alliées encore plus terribles que celles-ci sont en voie de préparation contre le Japon. La Garde d'Honneur est composée des marins de la Royal Navy.

> 'The fighting along the Normandy coast, the ruins, and so many dead, put an obligation upon us to remember them and to celebrate the military achievement.'
> RAYMOND TRIBOULET, 1ST SOUS-PRÉFET OF FREE FRANCE, IN BAYEUX, PRESIDENT OF THE LANDING BEACHES COMMITTEE

> « Les combats sur ces côtes normandes, ces ruines et tant de morts nous commandent le souvenir, la célébration de l'exploit militaire. »
> RAYMOND TRIBOULET, 1ER SOUS-PRÉFET DE LA FRANCE LIBRE, À BAYEUX, PRÉSIDENT DU COMITÉ DU DÉBARQUEMENT

On this typically grey, overcast day, five buglers have just sounded an echoing 'Last Post' and an Anglican priest is delivering a homily from the podium. This view (below) looks out over the heads of the assembled guests, the military behind them, to the motor car which has stopped at the end of the guard of honour. Beyond, the 'corncobs', or blockships, that line the horizon had formed the first breakwater, known as 'Gooseberry' and were already in place by 10 June 1944. The harbour had not been in use since mid November. The service concluded with a Blessing of the Sea, 'God Save the King', 'The Marseillaise', and speeches in French and English from Colonel MacAllister, and from Duff Cooper. 'For a lasting peace,' the ambassador said, 'we must work together.'

En cette journée couverte, une poignante sonnerie « Aux Morts » retentit, exécutée par les cinq clairons, et un prêtre anglican fait une homélie devant l'autel. Cette scène (ci-dessous) montre les invités, les militaires derrière eux, et une voiture qui s'est arrêtée au bout de la Garde d'Honneur. Au-delà, on aperçoit les « Corncobs », c'est-à-dire les bateaux marchands, coulés pour former un brise-lames, sous le nom de code « Gooseberry », déjà en place le 10 juin 1944. Le port n'a pas été utilisé depuis la mi-novembre. L'office s'achève par une bénédiction de la mer, le « God Save the King », « la Marseillaise » et des discours en français et en anglais prononcés par le colonel MacAllister et par Duff Cooper. Rendant hommage au courage des Français, l'ambassadeur déclare : « Restons unis pour une paix durable. »

Looking east past the assembled guests towards the eastern arm of the Mulberry Harbour, the sheer scale of the Harbour becomes apparent. In 1945 there was more than one beached 850-ton ancillary platform. These platforms provided extra length to the 'spud piers' (steel platforms on legs) to allow Liberty ships to unload broadside onto the steel platforms at the head of the floating roadways. However, the concrete ancillary platforms were brittle and, without anchors, some were damaged and beached in the storm of 18–22 June 1944. One remains at Arromanches to this day, pontoon No. 449, and another at Omaha Beach for Mulberry Harbour A.

Cette vue vers l'est nous permet de comprendre l'immensité du projet Mulberry : on aperçoit le brise-lames des Phoenix à l'horizon, et les plateformes de 850 tonnes échouées sur la plage. Ces plateformes servaient à rallonger les plateformes sur pieds en acier, qui étaient reliées au rivage par des chaussées flottantes, afin de permettre le déchargement des « Liberty ships » et des bateaux marchands par le travers. Cependant ces plateformes, fabriquées en béton et sans ancres, étaient fragiles et cassantes, et certaines s'échouèrent lors de la tempête du 18–22 juin 1944. Une seule subsiste de nos jours à Arromanches, le N° 449, et une autre à la plage de Omaha pour le Mulberry A.

Merci à nos libérateurs

'The streets and houses were decked out as if it were a great feast day – garlands and flags made for a colourful scene, triumphal arches and banners honoured and glorified those who had saved us: "Long live the Allies! Thank you for freeing us!" could be read everywhere.'

LOCAL NEWSPAPER *OUEST FRANCE*, 7 JUNE 1945

After the war, Eric Gunton was a frequent visitor to Arromanches where his friend, English teacher Marcel Gilbert, had a small family holiday home on the hill overlooking the village (top right). On the left an open lorry packed with visitors for the 6 June ceremony is parked on the site of the museum which would be opened exactly nine years later to the day (financed from the scrap of the Mulberry Harbours, it was the first D-Day museum to open in Normandy). The large undamaged house, which today has pepper-pot roofs, belonged to the Mayor of Arromanches, Monsieur Joly. A large German gun bunker can be seen, still draped in its camouflage netting: the 10-cm Skoda gun is inside the bunker to this day. The universal Nissen hut was used as the village hall and some hanging baskets of flowers are displayed. In the foreground a sign of times to come: a private motor car.

Après la guerre, Eric Gunton se rendit souvent à Arromanches avec son ami, le professeur d'anglais Marcel Gilbert, qui possédait une petite maison de campagne sur la colline surplombant le village (en haut, à droite). A gauche, un camion plein de visiteurs venus pour la cérémonie du 6 juin est garé sur le site du musée qui allait être inauguré neuf ans plus tard jour pour jour (financé par la ferraille récupérée des ports de Mulberry ; ce fut le premier musée du Jour J à ouvrir en Normandie). La grande maison indemne, qui porte aujourd'hui des toits en poivrière, appartenait au maire d'Arromanches, Monsieur Joly, le père de Sylvie Joly. On peut voir un bunker allemand toujours drapé d'un filet de camouflage, qui contient aujourd'hui, comme à l'époque, le canon Skoda 10cm. Le baraquement « Nissen » à droite servait de salle des fêtes et des paniers de fleurs décorent la place.

« Les rues et les maisons étaient pavoisées comme aux jours de fête : guirlandes et drapeaux composaient une symphonie multicolore, des arcs de triomphe et des banderoles rendaient gloire et honneur à nos sauveurs : « Vivent les Alliés ! Merci à nos libérateurs ! » lisait-on dans chaque localité. »

OUEST FRANCE, 7 JUIN 1945

Digging for victory

On 8 June, Corporal Gunton, and other Royal Engineers posted to No.32 Graves Concentration Unit in January 1944, arrived in Bayeux to begin taping out the plot grids in a field outside the town. In a matter of days military hospitals, munitions depots and supply dumps, military encampments and the fuel lines out of Port-en-Bessin were taking shape. Bayeux was the heart of all this activity, and the Army war graves administration of all Commonwealth burials throughout Normandy would prove the most long-lasting aspect of the Commonwealth presence in the city.

On this blustery and cold June day, despite the weather and the task, the men seem quite cheerful, exchanging jokes. Working in this unit, Gunton seemed to have been allowed to take photographs of the work unhindered, yet they have never appeared in any official post-war publications – perhaps because of the degree of informality seen here.

Creuser la terre pour la victoire

Le 8 juin, les hommes du N° 32 Graves Concentration Unit à laquelle le caporal Eric Gunton avait été affecté en janvier 1944, commencent à quadriller un grand champ à l'extérieur de Bayeux avec des rubans blancs. En l'espace de quelques jours, des hôpitaux militaires, des dépôts de munitions et de vivres, des camps militaires et des pipelines venant de Port-en-Bessin se profilent. L'administration des tombes du Commonwealth en Normandie devait s'établir comme l'aspect le plus durable de la présence du Commonwealth dans la ville de Bayeux.

En dépit du temps et de la tâche à exécuter, les hommes semblent plutôt de bonne humeur. Au sein de cette unité, Gunton semblait avoir eu l'autorisation de prendre des photos sans aucune entrave, cependant elles n'ont jamais paru dans aucune des publications officielles d'après-guerre – probablement à cause de leur caractère informel comme on peut le constater ici.

But Army personnel were needed to fight the enemy, so French civilians were recruited to take over the grave digging, supervised by NCOs so as to control the order of burials. On the left among the trees is the porcelain factory which was used as a recruiting office for grave labour. To its right is the *sous-préfecture*, Bayeux Cathedral, and alongside it the roofline and small spire of the Benedictine nunnery can be seen.

Albert Françoise (1888–1963) had worked for 18 years at the porcelain factory until it was forced to close in 1941. He lived in the nearby Rue de Littry and stands on the left tugging at the brim of his hat: this grim work put him extremely ill at ease. Rene Parson (from Lewes, Sussex; see also page 28), the NCO in charge, peers at Gunton through his glasses. Gunton has made the men stop, and an officer is already striding in to see why there has been a pause in the work.

In the middle ground there are tyre marks across the field; the bulldozers of the Royal Engineers and the Pioneer Corps began work on France's first bypass on 8 June.

L'armée recrute des civils français pour prendre le relais, toujours supervisés par un sous-officier britannique afin de vérifier l'ordre des enterrements. A gauche on aperçoit l'usine de porcelaine où l'armée recrute les Français ; à côté se trouve la sous-préfecture, la cathédrale de Bayeux, et ensuite le toit et la petite flèche du monastère des Bénédictines.

Albert Françoise (1888–1963) avait travaillé 18 ans dans l'usine de porcelaine avant sa fermeture en 1941. Il vivait à côté, dans la rue de Littry, et il se trouve à gauche sur la photo, en train de tirer sur le bord de son éternelle casquette : ce travail désagréable et fatiguant le mettait mal à l'aise. Le sous-officier qui dirige l'équipe, Rene Parson (de Lewes dans le Sussex ; voir p28), portant des lunettes, se tourne vers Gunton. Les ouvriers se sont arrêtés pour la photo, mais un officier s'avance déjà voir pourquoi le travail a été interrompu.

Au second plan on remarque les traces laissées par des pneus des camions dans le champ boueux – les bulldozers des Royal Engineers commencèrent à construire la déviation le 8 juin déjà.

The Bayeux Commonwealth War Cemetery

By the winter of 1944/45 the cemetery had already become the largest British and Commonwealth cemetery of the Second World War in France. The plots are burial mounds, each marked by a galvanised white metal cross which remained until 1949. The wooden gates mark the site of the present main entrance, restored in recent times. The elms in the background all died in the 1970s. The bypass has since been bypassed by the new N13 section, helping to restore some peace to the site.

Today there are 4,267 identified interments, including 3,602 British, 422 Germans, 178 Canadians, 25 Poles, 17 Australians, 8 New Zealanders, 7 Russians, 3 Christian French and 2 Muslim French graves, 2 Italians, and 1 South African; 388 graves bear no name.

A total of 28,375 men are buried in Normandy in 27 Commonwealth cemeteries of the Second World War, and one or more Commonwealth interments – often aircrew – are to be found in 153 communal and 209 churchyard cemeteries.

Le cimetière britannique à Bayeux

L'hiver 1944/45, le cimetière était déjà le plus grand cimetière britannique et du Commonwealth de la Deuxième Guerre mondiale en France. Chaque tombe est signalée par une motte de terre et une croix métallique blanche galvanisée, qui y fut laissée jusqu'en 1949. Les ormes en arrière plan ont tous disparu atteints par l'épidémie des années 70.

Aujourd'hui on compte 4 267 tombes identifiées, y compris 3 602 Britanniques, 422 Allemands, 178 Canadiens, 25 Polonais, 17 Australiens, 8 Néo-Zélandais, 7 Russes, 3 Français chrétiens et 2 Français musulmans, 2 Italiens, et un Sud-Africain ; 388 tombes ne portent pas de nom.

Au total, 28 375 hommes du Commonwealth sont enterrés en Normandie dans 27 cimetières militaires de la Deuxième Guerre mondiale. Il existe aussi des carrés militaires du Commonwealth dans 153 cimetières communaux et 209 cimetières d'églises en Normandie – pour beaucoup il s'agit d'aviateurs abattus sur le sol français.

The progress by early August can be seen in this corner of the cemetery. A temporary fence has been erected; the bypass was completed on 27 June and now there is a continuous stream of military lorries out of Arromanches roaring past the graves; the men nicknamed the road the 'Merry Go Round'. Road ballast has been used for the footpaths and the final touches are being made to block 2 rows L and M, where a man is finishing the burial of 23-year-old trooper Tom Taylor (2:M:19) of the Royal Tank Regiment, killed on 27 July 1944, the son (perhaps adopted) of Thomas and Martha Cox of Acocks Green, Birmingham, England. Three plots in the foreground await the bodies of an unknown sailor and two unknown soldiers. Lance Corporal Edward Rostron, 22, of the Essex Regiment (2:L:26), was killed on 31 July 1944: all of his comrades' graves in row L in the foreground bear the same date.

Dans cet angle du cimetière on voit à quel point ils avaient avancé dans leur travail début août 1944. Ils avaient érigé une simple palissade ; ce tronçon de la déviation a été terminé le 27 juin et maintenant des camions venant d'Arromanches passent en permanence devant les tombes. La déviation fut surnommée le « manège » par les « squaddies ». De la pierraille a été utilisée pour créer les chemins d'accès aux tombes et un Français est en train de mettre en place une croix sur la tombe d'un soldat : Tom Taylor, 23 ans, (2 : M : 19) du Royal Tank Regiment, tué le 27 juillet 1944, le fils (adoptif peut-être) de Thomas et Martha Cox de Acocks Green, Birmingham, Angleterre. Au premier plan, trois fosses creusées dans le sol vont recevoir les corps d'un marin et de deux soldats inconnus. Le caporal Edward Rostron du Régiment de l'Essex (2 : L : 26) fut tué le 31 juillet 1944 : toutes les tombes de ses camarades dans la rangée L, toujours au premier plan, portent la même date.

'The people gazed at us without emotion of any kind; one could hardly look them in the face, knowing who had done this. These were the people we came to free, and this is the price that freedom cost.'

ALEXANDER MCKEE IN HIS 'NORMANDY DIARY', ON ENTERING CAEN, 9 JULY 1944

« Les Caennais nous regardaient fixement, sans aucune émotion ; on pouvait à peine les regarder droit dans les yeux, sachant que nous avions fait ça. Ces gens étaient ceux que nous étions venus libérer, et ceci était le prix de la liberté.»

ALEXANDER MCKEE DANS SON « JOURNAL NORMAND », EN ENTRANT DANS CAEN, LE 9 JUILLET 1944

At 8.00 a.m. on D-Day the one thousand and twentieth air alert of the war sounded over Caen, but it was at 1.30 p.m., with the sirens out of order, that disaster struck: 600 civilians died, the death toll rising to 2,000, over 20 air raids later, by the time of the city's definitive liberation on 19 July; and the last shell of 600,000 fell on 18 August. Eighty per cent of Caen itself was destroyed.

Here we see a crater, made in the street by a 500-lb bomb, has burst into the vaulted River Odon under the road in front of the theatre (1); on 6 June, the volunteer civilian firefighters, while being shelled by the Allies, dangled their canvas hoses into the water here to extinguish the fire in the Nouvelles Galeries store (2), sparks from which set the hoses alight. The German tyre marks in the dust follow the course of the river under the covered market to reappear at the port running below the Ladies' Abbey on the hill (3) to the tidal Orne (4). This photograph was taken before 14 July 1944, when part of the city was still occupied.

This photograph was not taken by Gunton but by a Canadian artillery observation officer flying a small spotter plane. Most British and Canadian casualties in the Battle of Normandy occurred within 14 miles (22kms) of the city.

Caen: L'enclume de la victoire

Le Jour J à 8h00, l'alerte sonne pour la 1 020e fois sur Caen : mais c'est à 13h30, avec les sirènes en panne, que le vrai drame commence : 600 civils vont trouver la mort ce jour-là, le chiffre s'élevant à plus de 2 000 sous des bombardements successifs. Le dernier obus de 600 000 s'abattit sur la ville le 18 août. La ville fut détruite à 80 pour cent.

Ici on aperçoit un cratère dans la rue devant le théâtre, révélant l'Odon voûté en dessous de la route (1) ; le 6 juin, les pompiers improvisés des équipes d'urgence essaient d'éteindre l'incendie des Nouvelles Galeries (2) sous le feu des obus alliés. Ils prennent l'eau ici dans l'Odon, mais bientôt leurs tuyaux de toile s'enflamment sous l'effet des étincelles. Les traces des pneus allemands dans la poussière suivent le cours de l'Odon, qui rejoint le bassin au pied de l'Abbaye aux Dames (3), avant de se déverser dans l'Orne (4).

Cette photographie a été prise non par Gunton mais par un officier d'observation d'artillerie canadien qui survolait la ville dans un petit avion de reconnaissance le 14 juillet.

Bayeux: first free town in France

The north spires of Bayeux Cathedral, inspired by Chartres, and the central tower completed in two stages in 1486 and 1858, rise over the city. The cathedral was rebuilt by William the Conqueror's half brother Odo on the scale, if not the style, we see today. In 1940 Odo's famous embroidery was taken by the Germans to the château of Sourches in the Sarthe (near Le Mans) for safe keeping. It was later transferred to the abbey of Juaye Mondaye, near Bayeux, where it was studied by a German team of art historians under the supervision of Count Metternich: its story was one the Germans wished to see preserved. The embroidery was returned to Sourches but on 27 June 1944 Himmler ordered its removal to the cellars of the Louvre, with a view to shipping it east. However, like its home town and indeed Paris itself, it was found undamaged and returned to Bayeux in 1945.

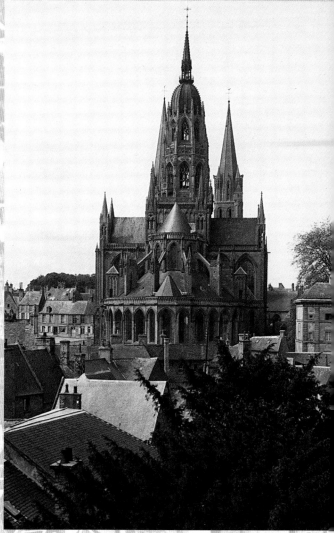

By a combination of Allied logistical planning and military good fortune, Bayeux, along with its wonderful treasures, was liberated intact on 7 June 1944. The first Free French political appointment was made when Raymond Triboulet (see back cover) was made *sous-préfet*, and powerful associations of legitimacy and liberation for the French were conferred by Général de Gaulle's famous visit and speeches of 14 June 1944. When Winston Churchill visited the town on 12 June, he was impressed and relieved to see so much had been achieved with so little damage. He also visited the harbour that would bear his name, but was not encouraged to look further.

There were many problems in the aftermath of liberation: the most urgent was the housing of thousands of refugees fleeing from the battle on its doorstep; many families were split up and the task of reuniting them was often impossible; orphans needed attention. These and many other tasks were undertaken jointly by the *sous-préfecture*, the Mairie, the British 'Civil Affairs' and British medical services. Huge stockpiles of ammunition, medical stores, food and military material began appearing in the Bessin countryside around the city.

Pictured right we see Louise Alfred (1909–2003) standing in the centre and looking up at her future husband as crosses are painted white. Private Tom Currie, age 38, (I:C:21), killed driving a petrol tanker on 11 August 1944, has had his cross painted and lettered ready for his grave. By 1948, 80 women were still employed at this and other administrative tasks at what, in 1945, became the 48th Army Graves Concentration Unit which had been set up in the Nissen huts of a former hospital out of town on the Littry road. The large numbers of young women in Bayeux, the local women supplemented by ATS volunteers, Wrens, nurses and others, together with the very fact of its privileged position, gave a unique atmosphere to Bayeux among the Normandy towns of the time. Many Anglo-French marriages – and some divorces – resulted.

Bayeux: première ville libérée de France

Les deux flèches de la cathédrale de Bayeux, inspirées par Chartres, et la tour centrale terminée en deux étapes, en 1486 et 1858, s'élèvent au-dessus de la ville. La cathédrale fut reconstruite par Odon, le demi-frère de Guillaume le Conquérant à l'échelle, sinon dans le style, où nous la voyons aujourd'hui. En 1940, la célèbre broderie d'Odon fut transportée par les Allemands au château de Sourches dans la Sarthe, près du Mans, pour la préserver. Elle fut plus tard acheminée à l'abbaye de Juaye Mondaye près de Bayeux, où elle fut étudiée par une équipe allemande d'historiens de l'art dirigée par le Comte Metternich : les allemands souhaitaient conserver son histoire. La broderie fut renvoyée à Sourches, mais le 27 juin 1944 Himmler ordonna son transfert dans les caves du Louvre, envisageant de l'expédier vers l'est. Cependant, comme sa ville d'origine, et bien sûr Paris elle-même, elle fut retrouvée intacte et reprit sa place à Bayeux en 1945.

La ville, par un mélange de chance et de planning militaire, est libérée indemne le 7 juin 1944, sans combat. Raymond Triboulet sera nommé sous-préfet par le Général de Gaulle (voir couverture) ; les visites et les discours du Général à Bayeux confèrent à la France la légitimité d'un gouvernement français souverain et libre.

Il y avait néanmoins beaucoup de problèmes à résoudre dans la ville : les milliers de réfugiés qui y affluaient, les familles qui se trouvaient séparées, les orphelins. La sous-préfecture, la mairie, les « civil affairs » et les services médicaux britanniques s'acharnaient à travailler ensemble pour répondre aux multiples besoins d'urgence, alors que des dépôts militaires immenses en tous genres s'accumulaient autour de la ville.

Sur la photo ci-dessus, au centre, Mlle Louise Alfred (1909–2003), parmi les hommes et les femmes qui peignent des croix blanches, à Bayeux, dans une cour en ville, sourit à son futur mari. Le soldat Tom Currie, 38 ans, (1 : C : 21), tué au volant de son camion-citerne le 11 août 1944, a sa croix gravée et prête à poser sur sa tombe. Quatre ans plus tard, 80 femmes travaillaient toujours à cette tâche et à d'autres liées à l'administration de ce qui est devenu en fin d'année 1945, le 48e Army Graves Concentration Unit. Le camp était établi dans un camp de baraquements « Nissen » sur la route de Littry, un ancien hôpital militaire à 2km de la ville.

La présence à Bayeux d'un très grand nombre de jeunes femmes, non seulement des Bayeusaines, mais des volontaires ATS, des Wrens, des infirmières et d'autres encore, alliée au fait que la ville était restée intacte et avait joué un rôle crucial dans la tête de pont, conférait à cette ville une ambiance unique en Normandie : comme pour Eric Gunton, beaucoup de mariages – et quelques divorces – en résultèrent.

Celebration and commemoration

The year 1945 was an intense time of celebration and commemoration at Bayeux: on 8 May the Army held services at the cemetery for the dead, and on 9 May celebrated with the Allies the end of the war in Europe; on 6 June there was a lavish banquet for the distinguished guests who were driving between American and British commemorative ceremonies; on 10 June Général de Gaulle flew into Caen and called for a brief visit once again on his tour of what was left of Normandy (see back cover); on 14 July there were more Inter-Allied parades and commemorations, beginning at the war memorial (see page 19). One year previously, Bayeux had been the only town in the whole of France to be able to celebrate in freedom the French National Day on any scale. In mid-August 1945 the Second World War was finally over, with victory over Japan.

This 1945 picture (above) shows the full liturgical splendour of the Catholic Church processing past the cathedral apse before turning left and heading for a blessing at the Monument aux Morts. In the foreground are two 'switzers', one bearing the pike and staff of his office as churchwarden.

Célébration et commémoration

L'année 1945 fut une année intense en célébration et commémoration à Bayeux : le 8 mai un office anglican eut lieu ainsi qu'un défilé organisé devant le cimetière, suivis le 9 mai d'une cérémonie alliée fêtant la fin de la guerre en Europe ; le 6 juin vers midi il y eut un banquet somptueux pour les invités d'honneur assistant successivement aux cérémonies commémoratives américaines et britanniques ; le 10 juin le Général de Gaulle atterrit à Caen-Carpiquet pour un arrêt à Bayeux, lors de son périple à travers ce qui restait de la Normandie (voir couverture) ; le 14 juillet il y eut encore d'autres défilés et cérémonies commémoratives, à commencer par celle du Monument aux Morts. (En 1944 Bayeux avait été la seule ville de toute la France à pouvoir célébrer à une échelle semblable la fête nationale et sa liberté.)

Cette photographie montre la splendeur sacerdotale de l'église lors d'une procession qui passe devant l'abside de la cathédrale et de se diriger vers le Monument aux Morts. Au premier plan se trouvent les « Suisses », l'un deux portant une pique, symbole de son rôle.

14 July 1945: the lowering flags of No.1 and No.8 French troops of No.10 Inter-Allied Commandos who had fought under Captain Philippe Kieffer and Lord Lovat at Ouistreham on D-Day. The photograph is taken at the very moment when the drums roll, the bugles sound and the salute is taken to honour the dead as each representative steps forward to lay his wreath before the Monument aux Morts. Note the French soldiers in the left-hand corner are wearing British helmets; they had no equipment of their own. The monument has since been moved from the Place aux Pommes to make way for the car park behind the tourist office, and the tree has gone, but everything else in the picture is quite unchanged. The insignia of the French Commando is on display in the Arromanches Museum.

Le 14 juillet 1945 : les drapeaux des troupes françaises N° 1 et N° 8 du Commando Interallié N° 10, qui avaient combattu sous le capitaine Kieffer et Lord Lovat à Ouistreham le Jour J, sont baissés. La photographie est prise au moment où les roulements de tambours se font entendre, une émouvante sonnerie « Aux Morts » retentit, les clairons résonnent, et on salue les disparus. Pour honorer les morts, chaque représentant fait un pas en avant pour déposer une gerbe devant le Monument aux Morts à Bayeux. On peut remarquer que les soldats français portent des casques britanniques : ils n'ont pas encore leurs propres uniformes français. Le monument, sur la Place aux Pommes autrefois (derrière l'office du tourisme actuel), ainsi que l'arbre, ont été enlevés pour céder la place à un parking, sinon tout reste inchangé. Le insignes du commando des fusiliers marins français est exposé au musée d'Arromanches.

Lisieux: firestorm

At daybreak on the day of the quiet liberation of Bayeux, Lisieux – the other cathedral city of Calvados – was a sea of smouldering cinders, bricks and burned flesh. It had been visited by Halifax and Lancaster bombers at 1.20 a.m., 40 minutes out of Newhaven on the Sussex coast. Guided by pathfinder flares, the bombers pitched forward and at low altitudes circled over the sleeping timber city for the ten minutes the mission required. On each aircraft were 14,000lbs (6,350kgs) of high explosive, incendiaries and photoflash bombs, costing £13,000 per bomber, including fuel and servicing: the false dawn was visible 15 miles (25kms) away.

Paul Ayshford, 4th Lord Methuen, was attached to 21st Army Group to inspect and assess damage to historic art, architecture and archives: his 1944 'Normandy diary' is a daily comment on the aftermath of such attacks. To his amazement, amid the devastation he found the sturdy Lisieux Cathedral, St Thérèse Carmelite monastery, the Thérèse Martin family home at Les Buissonnets, and the vast basilica outside town all untouched. But all the regalia and vestments of Bishop Pierre Cauchon (the bishop who sentenced Joan of Arc and whose remains were exhumed and placed in the municipal museum in 1931) were destroyed.

Ayshford was also sensitive to the human ordeal of the Normans. On 8 September 1944 he wrote: 'The Archiprêtre told us that leaflets dropped to warn the inhabitants of the coming bombardment fell 20km [12 miles] away, and the inhabitants were taken unawares. He said with some emotion that the loss of French life was about 1,000 souls, including 50 nuns …

The people of Calvados seemed stunned or partly paralysed during the first month or two after the liberation … The destruction of Caen and of Lisieux, has left a painful impression on the French. There was a little, quite understandable, murmuring: but it lasted for a very short time …

Generally speaking they recognise that this destruction, with its consequent loss of civilian life, was necessary. They accepted it with extraordinary good grace and charity, considering how many of them had lost house, clothes, furniture, near relatives – often parents and children – and friends.'

It was later confirmed that 781 died that night, more than in Caen, a much larger city, which at that time made it the worst toll as a proportion of its population anywhere in Calvados, worse even than Saint-Lô.

Lisieux: une fournaise

Le mercredi 7 juin, jour de la libération pacifique de Bayeux, Lisieux, l'autre ville épiscopale du Calvados, fut réduite à un tas de cendres, de briques brisées, et de chair calcinée. Les bombardiers lourds Halifax et Lancaster étaient passés par là à 1h20, ayant quitté Newhaven dans le Sussex 40 minutes plus tôt. Guidés par des fusées éclairantes, les bombardiers, penchés légèrement en avant, tournèrent à basse altitude au-dessus de la ville à constructions en bois pendant les dix minutes que la mission demandait. A bord de chaque avion se trouvaient 6 350kg d'explosifs puissants et des dispositifs incendiaires, revenant à €19 000 par bombardier, carburant et maintenance compris. L'aurore artificielle fut visible à 25km à la ronde.

Paul Ayshford, 4e Lord Methuen, fut affecté au 21e Groupe d'Armée afin d'inspecter et d'estimer l'importance des dégâts et des pertes en matière d'art, d'archives et d'architecture : son « journal normand », écrit en 1944, est un commentaire quotidien sur les conséquences de telles attaques pour le patrimoine français. A son grand étonnement, il retrouva, parmi toute cette scène de décombres , la cathédrale de Lisieux, le monastère des Carmélites de Sainte Thérèse, et sa maison de famille aux Buissonnets, tous intacts. Toutefois les vêtements sacerdotaux et la bague épiscopale de l'évêque Cauchon, (qui avait trahi et jugé Jeanne d'Arc en 1431), retirés de sa tombe en 1931 et installés dans le musée municipal, furent détruits.

Ayshford était sensible aussi au drame qui touchait les habitants. Le 8 septembre 1944 il écrit : « L'archiprêtre nous a dit que les tracts largués sur les villes afin de les avertir d'un bombardement imminent tombèrent à 20km de là, et que les habitants avaient été pris au dépourvu. Avec beaucoup d'émotion il m'a dit que les pertes s'élevaient à 1 000 âmes, y compris 50 religieuses… Les gens du Calvados avaient l'air abasourdis, ou partiellement paralysés, pendant les premiers mois après la libération … la destruction de Caen et de Lisieux a laissé une impression douloureuse sur les Français. Il y a eu quelques murmures de mécontentement : mais cela n'a pas duré … En général ils acceptent que cette destruction, avec ses victimes civiles, était nécessaire. Et quand on considère l'ampleur des pertes qu'ils ont subies : maisons, vêtements, meubles, leur famille proche – souvent parents et enfants – et leurs amis – ils ont quand même accepté leur sort avec grâce et charité. » Plus tard on constata que 781 Léxoviens avaient péri cette nuit-là.

Falaise conquered

The first bombing of William the Conqueror's home town also took place on 7 June, at lunchtime, gutting the town and killing 110 civilians. Towns like Caen, Lisieux and Falaise, astride important communication routes, were regarded as legitimate targets. At the end of D-Day, eight Allied divisions were ashore, facing eight German divisions: if nothing was done to slow them another 20 would face the Allies within one or two days, and everyone knew the battle qualities of the enemy. Falaise, 90 per cent destroyed, was liberated on 17 August 1944.

Most people who could, fled after the first catastrophic bombing, but the exodus into the surrounding quarries, iron mines, farms and barns was no guarantee of security.

La conquête de Falaise

Le premier bombardement de la ville natale de Guillaume le Conquérant s'abattit aussi le 7 juin, vers midi, ce qui anéantit la ville et tua 110 habitants. Les villes comme Caen, Lisieux et Falaise, carrefours de communication importants, étaient considérées comme des cibles légitimes. A la fin du Jour J, 8 divisions alliées avaient débarquées, face aux 8 divisions allemandes. Si l'on n'avait rien fait, 20 autres divisions allemandes les auraient eu rejoint en un ou deux jours, et tout le monde redoutait les qualités combatives de l'ennemi.

Les civils en mesure de le faire fuirent la ville dès le premier bombardement, mais l'exode vers les carrières environnantes, les mines de fer, les fermes et les greniers ne pouvaient pas garantir leur sécurité.

'Despite the bombing, there were still people in Falaise. It was quite impossible to talk to them. It was as if they had gone mad, running about hither and thither, screaming in search of their families. The worst of it was to have to admit to oneself that this is the way it was, and it couldn't be otherwise! After the renewed bombardment of 10 June, people just gave up trying to claw at the rubble; we only had our bare hands. As I left Falaise I could hear people screaming, trapped in the cellars. There was nothing we could do, and that shocked me to the core. So many died of hunger and sheer exhaustion.'

EUGÈNE GÉRAULT, OUEST FRANCE, 2 JUNE 1994

« Malgré les bombardements il y avait encore des gens à Falaise. Leur parler était impossible. Ils étaient comme des fous, couraient dans tous les sens, criaient à la recherche de parents. Le plus dur c'était de l'admettre ; se dire que c'était comme ça, pas autrement ! Après ce nouveau bombardement du 10 juin, on a renoncé à déblayer. Nous n'avions plus que nos mains. En quittant Falaise, j'ai entendu des gens hurler, coincés au fond de leur cave. Nous ne pouvions rien faire. Ça m'a énormément choqué. Beaucoup sont morts de faim, d'épuisement. »

EUGÈNE GÉRAULT, OUEST FRANCE, LE 2 JUIN 1994

Saint-Lô: capital of ruins

On Friday 18 August, Eric Gunton reached what was left of the capital of the Département of the Manche, Saint-Lô. Over 500 Saint-Lô residents had died in the town (population 15,000 in 1936), 352 of them on the terrible night of 6/7 June. Others would follow on 9, 10, 12, 13 and 22 June. Gunton had lost many of his own family in the Blitz and had seen with his own eyes a single bomb kill 80 people in London.

Along the banks of the Vire his camera catches the trees wrenched from their roots and tossed to one side, the riverside properties completely blown away (right). The photograph above shows the same view from the other side of the river.

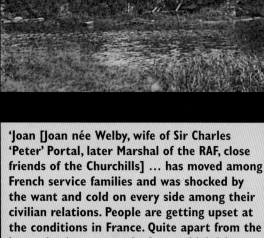

Although the official 'liberation' of the ruins was set for 18 July, it was not until 26 July that it was cleared of the enemy, two days before the liberation of Coutances. The number of civilian casualties in Normandy was 60,000 – of whom 14,000 were killed – a far lower figure than originally feared, although it is hard to imagine today. Churchill, a great Francophile, deplored the military necessity of deploying heavy bombers over French towns and cities, but holding off, as had been done at Dieppe in 1942, was unacceptable to the military.

But towns were never the military objective in their own right: the plan was a step-by-step building up of men and resources until the moment when the Americans could break out into Brittany and the Loire. The housing crisis it left in its wake became acute during the coming winter.

'Joan [Joan née Welby, wife of Sir Charles 'Peter' Portal, later Marshal of the RAF, close friends of the Churchills] ... has moved among French service families and was shocked by the want and cold on every side among their civilian relations. People are getting upset at the conditions in France. Quite apart from the humanitarian aspect, don't you think it's dangerous to have the whole nation cold, hungry and unemployed?'

CLEMENTINE CHURCHILL, IN A PERSONAL LETTER TO HER HUSBAND, 1 FEBRUARY 1945

« Joan [Joan née Welby, la femme de Sir Charles 'Peter' Portal, le futur Maréchal de la RAF, des amis proches des Churchill] ... a rencontré des militaires français et a été bouleversée par le manque de vivres, et le froid éprouvé de tout côté par leurs familles. Les gens commencent à s'indigner des conditions en France. Outre l'aspect humanitaire, ne penses-tu pas qu'il soit dangereux de laisser une nation entière sous l'emprise du froid, de la faim et du chômage ? »

CLEMENTINE CHURCHILL, DANS UNE LETTRE INTIME À SON MARI, LE 1ER FÉVRIER 1945

Saint-Lô: capitale des ruines

Le vendredi 18 août le caporal Eric Gunton réussit à atteindre ce qui restait de la ville de Saint-Lô, chef-lieu de la Manche. Plus de 500 habitants sont morts dans cette ville (qui en comptait 15 000 habitants en 1936), dont 352 durant la terrible nuit du 6/7 juin. D'autres bombardements avaient suivi les 9, 10, 12, 13 et 22 juin. Gunton avait perdu des membres de sa famille lors du Blitz, et avait vu la mort de 80 londoniens d'un seul coup.

Le long des rives de la Vire, il saisit avec son appareil les arbres arrachés et jetés sur les bords, les propriétés près de la rivière entièrement détruites (en haut à gauche). La photographie ci-dessus, montre la même vue prise de l'autre côté de la rivière.

Bien que la date « officielle » de la libération de ces ruines ait été fixée au 18 juillet, l'occupant ne fut pas expulsé définitivement avant le 26 juillet, deux jours avant la libération de Coutances. Le nombre de victimes civiles dans la bataille de Normandie s'élevait à 60 000, dont 14 000 morts, un chiffre bien inférieur à ce que l'on craignait au départ, bien que ceci soit difficile à imaginer. Winston Churchill, un grand francophile, déplora le déploiement nécessaire des bombardiers lourds au-dessus des villes françaises, mais s'abstenir, comme à Dieppe en 1942, fut jugé inacceptable par les autorités militaires.

The Verdun of Normandy

The broad exposed expanse of the Caen plain, less famous but every bit as murderous as the 'hedgerow country' of the Bocage and Bessin, justly deserves its title 'The Verdun of Normandy' – forgetting that Verdun was fought between soldiers across a 'no man's land', whereas here the battle was being played out among densely populated villages with the combined force of land, air and even naval artillery.

As Bayeux was being freed by British forces, Tilly-sur-Seulles, 7 miles (12kms) away, was bombed for the first time, and then taken and retaken 23 times in half as many days: it lost 10 per cent of its 750 inhabitants. The surrounding villages of Chouain, Bucéels, Lingèvres, and Fontenay-le-Pesnel shared the same fate, and after post-battle clearance they all had the same bleak aspect.

Le Verdun de Normandie

Les vastes étendues de la plaine de Caen-Falaise, moins connues que le Bocage Normand et le Bessin, mais tout aussi meurtrières à leur façon, sont appelées, à juste titre, le « Verdun de Normandie » – mais on oublie que la bataille de Verdun eut lieu entre des soldats qui se battaient dans un « no man's land », tandis qu'ici la bataille se déroula dans une campagne fortement peuplée, où les villages étaient soumis à un bombardement terrestre, aérien, et même naval.

Le jour même de la libération de Bayeux par les forces britanniques, le village de Tilly-sur-Seulles, à 12km de la ville épiscopale, fut bombardé pour la première fois, et ensuite pris et repris 23 fois en une douzaine de jours ; le village y perdit 10 de ses 750 habitants. Le même sort attendait les villages environnants de Chouain, Bucéels, Lingèvres et Fontenay-le-Pesnel qui, après les déblaiements en 1945, avaient tous le même aspect lugubre.

Waste products

Amid the chronic shortages of life's essentials, Gunton recorded the vast quantities of discarded and damaged war material lying around the city of Bayeux after the battle had passed. Local people were invited to help themselves to whatever they might feel could be useful, but handling this material was not without risk, and discarded ammunition, booby traps and above all mines would cause tragedy to military and civilian alike for years – even at sea. Between 25 August 1944 and 31 December 1945 in Calvados alone over 300 men, women and children died in this horrific manner, while another 1,000 civilians died of the terrible wounds sustained in the bombing campaign. In May 1995 a 100-kg (220-lb) unexploded bomb was found in Vire, buried 1.5m (4.5 feet) into the ground.

Here we see a field full of wrecked motorcycles, every one today a collector's dream, but every one telling its own tragic story.

Les épaves de la guerre

Au milieu des pénuries chroniques de toutes les choses essentielles à la vie quotidienne, Gunton constate les vastes quantités de matériel endommagé et ramassé. Les habitants furent invités à récupérer tout ce qui pourrait leur rendre service, mais la manipulation d'un tel matériel n'était pas sans risque. Les munitions, les pièges, et surtout les mines continuaient à semer la mort tant parmi les militaires que parmi les civils – même en mer. Entre le 25 août 1944 et le 31 décembre 1945, rien que dans le département du Calvados, sans parler d'ailleurs, plus de 300 civils – souvent des enfants – furent tués de cette manière particulièrement atroce. En plus, près d'un millier de personnes moururent pendant cette période des suites directes ou indirectes de la bataille.

Ici on peut voir un champ rempli de motos accidentées, chacune avec son histoire à elle, sans doute tragique, à relater.

This is your victory

Here Gunton captured the shared moment of ecstatic joy and relief that the war was over. Captain Allan of the No.32 Graves Concentration Unit leads the cheering. Behind him: Valerie Vanimpe; Rene Glinel, Monsieur Queval (in the middle); 'Charlie' Jack; Rene Parson (at the back, his arm around a girl); Louise Alfred, Eric Gunton's future wife (waving behind the accordionist); Monsieur Diffe (on the left wearing his cap) and others who also appear on page 11, all who in some way worked together in Bayeux – recuperating, and identifying and burying the dead. In the midst of death – life, joy … and freedom.

Voici la victoire

Ici Eric Gunton a saisi le moment de liesse et de soulagement à l'annonce de la fin de la guerre. Le capitaine Allan, du N° 32 Graves Concentration Unit, entonne les acclamations. Derrière lui se trouvent : Valerie Vanimpe ; Rene Glinel ; Monsieur Quéval (se trouve au milieu) ; « Charlie » Jack ; Louise Alfred, qui salue son futur mari (derrière l'accordéoniste) ; et à gauche Monsieur Diffe (portant toujours sa casquette). Tous, ayant participé d'une manière ou d'une autre à la récupération, à l'identification et à l'enterrement des morts du Commonwealth à Bayeux. Entourés par la mort – la vie, la joie … et la liberté.